AF450309

GIMNASIA CEREBRAL APLICADA EN ESTRATEGIAS DIDÁCTICAS

En busca del rendimiento académico

Dr. Wildoro Ramírez Ramírez

CADUCEUS

GIMNASIA CEREBRAL APLICADA
EN ESTRATEGIAS DIDÁCTICAS
En busca del rendimiento académico
© Dr. Wildoro Ramírez Ramírez

Editado por: Corporación Ígneo, S.A.C.
para su sello editorial Caduceus
Av. Arequipa 185 1380, Urb. Santa Beatriz. Lima, Perú
Primera edición, agosto, 2022

ISBN: 978-612-48693-7-2
Tiraje: 50 ejemplares

Hecho el Depósito Legal en la Biblioteca Nacional del Perú N° 2022-07503
Se terminó de imprimir en agosto de 2022 en:
ALEPH IMPRESIONES SRL
Jr. Risso Nro. 580 Lince, Lima

www.grupoigneo.com
Correo electrónico: contacto@grupoigneo.com
Facebook: Grupo Ígneo | Twitter: @editorialigneo | Instagram: @grupoigneo

Diseño de portada: Susana Santos
Corrección: Beatriz Chavarri Lecuna
Diagramación: Dianora Gómez Nessi

CONTENIDO

A nuestros compañeros y amigos presentes y pasados, que sin esperar nada a cambio compartieron su conocimiento, alegrías y tristezas, y a todas aquellas personas que durante el proceso de realización de esta investigación estuvieron a nuestro lado apoyándonos para lograr el desarrollo de este importante trabajo para la comunidad universitaria.

A nuestros familiares, quienes estuvieron en los momentos oportunos para facilitarnos el desarrollo de esta investigación.

A los profesores de la Universidad Nacional de San Martín; ellos nos han dado el soporte para realizar este trabajo de investigación.

A los jóvenes y adolescentes que siempre desean una enseñanza motivadora y didáctica, sobre todo en expresiones corporales que les permitan afianzarse en sus conocimientos y sentir satisfacción por esta disciplina.

PALABRAS PRELIMINARES

Presentada originalmente como tesis bajo el título *Modelo de estrategias didácticas de Educación Física integrado con la teoría de gimnasia cerebral de Paul Dennison para mejorar el rendimiento académico en los estudiantes de la Universidad Nacional de San Martín-Tarapoto*, esta investigación, que se realizó en 2013 en el ya citado instituto universitario del distrito de Tarapoto, provincia y región San Martín, tiene como objetivo proponer reformas aplicables en el área de la Educación Física.

En el estudio participaron estudiantes del primer ciclo como muestra de estudio, al igual que docentes de las facultades de Ciencias de la Salud y Educación, entre otros. El fin fue conocer teorías sobre las estrategias didácticas y el rendimiento académico empleando la gimnasia cerebral.

Primero, se caracterizaron las clases de esta disciplina y luego se diseñaron modelos que incluyen estrategias didácticas de gimnasia cerebral. Tras ello se aplicaron las estrategias, monitoreando el proceso en cada sesión de aprendizaje y registrando algunos indicadores por medio de la observación. Los resultados obtenidos permitieron diseñar un modelo de clases de Educación Física validado por teorías existentes y por expertos en la materia.

Consideramos que el modelo de clases de Educación Física propuesto enmienda los problemas de las clases tradicionales, haciéndolas funcionalmente más eficaces y eficientes al aplicar estrategias de gimnasia cerebral para un mejor rendimiento académico en los estudiantes. Además, se recomienda la inclusión de estas estrategias en todos los contenidos de los sílabos de Educación Física como reforma innovadora, no solo en las universidades sino en todos los niveles de estudio en el Perú.

INTRODUCCIÓN

Desde sus orígenes, el objetivo principal de la educación es enseñar y proporcionar al estudiante información nueva que lo ayudará en su quehacer académico. En la actualidad se ha podido observar la evolución del proceso educativo, que se ha dado gracias a los psicólogos y teóricos que han realizado diferentes investigaciones para resolver y comprender todos los procesos mentales que se producen durante el aprendizaje.

Hoy en día se siguen realizando estudios de Neurociencias para entender un poco más al cerebro; ellos han dado origen a nuevos modelos como la gimnasia cerebral, creada por el profesor californiano Paul Dennison, quien reconoció la conexión cuerpo-mente y decidió utilizarla para ayudar a personas con problemas de atención y aprendizaje. Se trata de un modelo que estimula al cerebro, haciendo trabajar a ambos hemisferios al mismo tiempo. La gimnasia cerebral es poco conocida en el ámbito educativo en nuestro país, lo que conlleva una sorprendente pérdida de beneficios que se obtendrían con su práctica, que ayuda a mantener en buen estado las conexiones neuronales.

Planteamos, pues, la posibilidad de integrar en las instituciones educativas modelos de aprendizaje como la gimnasia cerebral, que pueden utilizarse en jardines de infancia, colegios o universidades de todo el mundo.

Al buscar información sobre la inclusión de la gimnasia cerebral en el área de Educación Física en nuestro país, no se ha podido encontrar una institución que incluya este modelo didáctico en las clases de esta disciplina. Aquí cabe preguntarse: ¿existe la posibilidad de integrar la gimnasia cerebral en las estrategias didácticas de Educación Física?

Para desarrollar nuestra investigación se realizaron actividades de Educación Física que incluían gimnasia cerebral con estudiantes del primer ciclo de la Universidad Nacional de San Martín, y se observó la rutina del proceso enseñanza-aprendizaje para analizarla posteriormente y tomar decisiones pertinentes a fin de mejorar el desarrollo pedagógico de los alumnos.

Capítulo I

REVISIÓN BIBLIOGRÁFICA

1.1. BASES TEÓRICAS

1.1.1. Estrategias didácticas

De acuerdo con Nadal sobre el concepto de *estrategia*:

> (…) vale la pena hacer referencia al significado que el término tenía en su ámbito original, es decir el contexto militar.
>
> Estrategia entre los militares griegos, tenía un significado preciso: se refería a la actividad del estratega, es decir, del general del ejército. El estratega proyectaba, ordenaba y orientaba las operaciones militares y se esperaba que lo hiciese con la habilidad suficiente como para llevar a sus tropas a cumplir sus objetivos.
>
> La estrategia es primeramente una guía de acción, en el sentido de que la orienta en la obtención de ciertos resultados. La estrategia da sentido y coordinación a todo lo que se hace para llegar a la meta.
>
> Mientras se pone en práctica la estrategia, todas las acciones tienen un sentido, una orientación. La estrategia debe estar fundamentada en un método. La *estrategia* es un sistema de planificación aplicado a un conjunto articulado de acciones, permite conseguir un objetivo, sirve para obtener

determinados resultados. De manera que no se puede hablar de que se usan estrategias cuando no hay una meta hacia donde se orienten las acciones. A diferencia del método, la estrategia es flexible y puede tomar forma con base en las metas a donde se quiere llegar. Una estrategia según G. Avanzini (1998) resulta siempre de la correlación y de la conjunción de tres componentes, el primero, y más importante, es proporcionado por las finalidades que caracterizan al tipo de persona, de sociedad y de cultura, que una institución educativa se esfuerza por cumplir y alcanzar. Esto último hace referencia a la misión de la institución.

El segundo componente procede de la manera en que percibimos la estructura lógica de las diversas materias y sus contenidos. Se considera que los conocimientos que se deben adquirir de cada una presentan dificultades variables. Los cursos, contenidos y conocimientos que conforman el proceso educativo tienen influencia en la definición de la estrategia.

El tercero es la concepción que se tiene del alumno y de su actitud con respecto al trabajo escolar. En la definición de una estrategia es fundamental tener clara la disposición de los alumnos al aprendizaje, su edad y por tanto, sus posibilidades de orden cognitivo (...).

La estrategia didáctica hace alusión a una planificación del proceso de enseñanza-aprendizaje, lo anterior lleva implícito una gama de decisiones que el profesor debe tomar, de manera consciente y reflexiva, con relación a las técnicas y actividades que puede utilizar para llegar a las metas de su curso (1998, s. f., p. 1).

Asimismo, indica que «la estrategia didáctica es el conjunto de procedimientos, apoyados en técnicas de enseñanza, que tienen por objeto llevar a buen término la acción didáctica, es decir, alcanzar los objetivos de aprendizaje» (Nadal, s. f.).

Por su parte, Jiménez González y Robles Zepeda (2016, pp. 108-109) indican que en el campo de la pedagogía «las estrategias didácticas se refieren a tareas y actividades que pone en marcha el docente de forma sistemática para lograr determinados objetivos de aprendizaje en los estudiantes».

Las estrategias didácticas, siguiendo la postura de Flor María Picado, citada por Moreno:

> Se conciben como estructuras de actividad en las que se hacen reales los objetivos y contenidos; en este sentido, pueden considerarse análogas a las técnicas. Incluyen tanto las estrategias de aprendizaje (perspectiva del alumno) como las estrategias de enseñanza (perspectiva del docente) (2012, lámina 7).

Asimismo, según Pérez, en otra cita de Moreno: «se refieren a planes de acción que pone en marcha el docente de forma sistemática para lograr unos determinados objetivos de aprendizaje en los estudiantes» (2012, lámina 8).

La didáctica contempla tanto las estrategias de enseñanza como de aprendizaje, y en función a eso se pueden conceptualizar de la siguiente manera, siguiendo un modelo citado por la Universidad de Antioquia, Colombia:

Estrategias de Aprendizaje

> Estrategias para aprender, recordar y usar la información. Consiste en un procedimiento o conjunto de pasos

o habilidades que un estudiante adquiere y emplea de forma intencional como instrumento flexible para aprender significativamente y solucionar problemas y demandas académicas.

La responsabilidad recae sobre el estudiante (comprensión de textos académicos, composición de textos, solución de problemas, etc.) (…).

Estrategias de Enseñanza

Son todas aquellas ayudas planteadas por el docente que se proporcionan al estudiante para facilitar un procesamiento más profundo de la información. A saber, todos aquellos procedimientos o recursos utilizados por quien enseña para promover aprendizajes significativos.

El énfasis se encuentra en el diseño, programación, elaboración y realización de los contenidos a aprender por vía verbal o escrita.

Las estrategias de enseñanza deben ser diseñadas de tal manera que estimulen a los estudiantes a observar, analizar, opinar, formular hipótesis, buscar soluciones y descubrir el conocimiento por sí mismos (s. f., párr. 1).

1.1.2. Educación Física

Cagigal indica que educación/educar es un vocablo que evoca un contenido que a pesar de ser bien conocido, es difícil reducirlo a una definición.

El término proviene del latín *educere*: sacar hacia fuera. La acción de educar, en realidad, no es otra cosa que ayudar a salir al ser necesitado de ello, al niño desde el vientre de su madre, desde su limitado mundo de infancia, hacia mundos más abiertos; es la ayuda al diálogo con la vida desarrollando las facultades que para ellos existen en potencia (1984, p. 49).

Además, de acuerdo con Giménez Fuentes-Guerra y Díaz Trillo:

El término «física» procede del griego «fysis» que se traduce por «naturaleza». Así, siguiendo a Cagigal (1979), citado por González (1993), podemos considerar este término como la referencia al cuerpo y al movimiento (...).

En función de este análisis, González (1993, p.52) define la Educación Física como: «la ciencia y el arte de ayudar al individuo en el desarrollo intencional (armonioso, natural y progresivo) de sus facultades de movimiento, y con ellas el del resto de sus facultades personales». Por su parte, Cagigal (1979), citado por Garrote (1993), afirma que la Educación Física, considerada como una «ciencia aplicada de la Kinantropología, es el proceso o sistema de ayudar al individuo en el correcto desarrollo de sus posibilidades personales y de relación social con especial atención a sus capacidades físicas de movimiento y expresión». Uno de los autores que más ha profundizado en el campo epistemológico es Vicente Pedraz (1988, p.60) quien afirma que es la «ciencia que estudia aquellos fenómenos que siendo identificables por sus variables educativas, pertenecen al *ámbito* de la actividad motriz». De forma más restrictiva, Parlebas (1976), citado por Ruiz Pérez (1988, p.20) considera que: todos aceptamos «la Educación Física como el *área* de la escolaridad preocupada por las conductas motrices de los alumnos» (2016, p. 25).

Vásquez (2001), citado por Borda Hurtado y Ormeño Tercero:

> (...) señala que la Educación Física se define a partir de dos parámetros fundamentales: el cuerpo y el movimiento, y según se entiendan cada uno de ellos, la Educación Física tendrá un enfoque u otro y desarrollará unas metodologías específicas de acuerdo a dichas concepciones (2011, p. 87).

Por su parte, estos autores determinan las relaciones de las diferentes corrientes pedagógicas con los estilos de aprendizaje en la Educación Física de una manera práctica y específica para cada una de ellas, desde la corriente pedagógica tradicional hasta la conceptual.

La Corriente Pedagógica Conductual concibe a la Educación como factor de movilidad, ascenso y armonía social; los propósitos están dados por el planteamiento de objetivos y metas educativas en términos de resultados observables, se busca la formación del hombre eficiente (...).

Existe una relación directa con el Estilo de la Práctica o de la Enseñanza basada en la tarea, (...) se concibe a la Educación Física como educación deportiva, preparadora de deportistas; el propósito es aprender a hacer la tarea; las relaciones profesor-alumno son cordiales, pero superficiales y el docente permite que el alumno tome algunas decisiones (...); en cuanto a la metodología se recurre a la instrucción programada enfatizándose en la demostración, la repetición y la corrección; y finalmente la evaluación está referida al dominio que el alumno demuestre en los fundamentos y destrezas trabajadas (Borda Hurtado y Ormeño Tercero, 2011, pp. 82, 89-90).

Para hablar de la corriente pedagógica constructivista y el estilo del descubrimiento guiado, se debe señalar, siguiendo de nuevo a Borda Hurtado y Ormeño Tercero, que

> (…) existe una relación directa entre ambos, por cuanto las ideas y su puesta en práctica son coincidentes. Así se concibe a la Educación centrada en la persona humana, en Educación Física esa concepción humanista se materializa al usar el movimiento humano para el desarrollo de la personalidad equilibrada del educando comprometiéndolo también cognitivamente; el propósito es descubrir conceptos y sus relaciones, se pretende el crecimiento y desarrollo humano al generar una reflexión sobre la actividad que se realiza; las relaciones profesor-alumno se dan en un ambiente democrático, se concibe al docente como mediador de los aprendizajes del alumno y a este como protagonista; los contenidos son seleccionados privilegiando las actividades que atiendan a las posibilidades, necesidades e intereses del alumno, se utiliza el movimiento humano en todas sus formas, juegos, danzas, deportes, recreación (2011, p. 92).

Al respecto, Vexler, Morales, Miranda, Trelles y Haya de la Torre (1997) manifiesta que la Educación Física continúa circunscribiendo su desarrollo al entrenamiento mecánico y a la práctica de uno u otro deporte, dejando de lado comportamientos sociales y valores. Las clases de Educación Física, a pesar de los avances de la educación psicomotriz, siguen enfatizando el trabajo físico en desmedro de la activación armónica de la unidad mente-organismo físico (cuerpo o soma), en la que el cuerpo es el ente concreto que integra las dimensiones humanas y la totalidad de las funciones sensitivas, intelectuales, afectivas, sociales y motoras. Falta desarrollar actividades sobre educación orgánica, atletismo, deportes, gimnasia deportiva y de pesas, actitudes y valores.

1.1.3. Gimnasia cerebral

Chávez Calderón, T. C. y Cahuasquí Mora, J. W. señalan que la gimnasia cerebral fue desarrollada por el doctor Paul Dennison, originario de California, quien

> se interesó en hallar formas de enchufar ambos hemisferios cerebrales de las personas que acudían a él con problemas de comportamiento, comunicación o aprendizaje: dislexia, hiperactividad, atención deficiente, etcétera.
>
> A principios de los ochenta Dennison intentó ayudarlas con diversas rutinas de movimientos y ejercicios tomados de Oriente, de la danza moderna, el atletismo y muchas otras fuentes. Investigó la kinesiología (ciencia que estudia el movimiento muscular en el cuerpo), el desarrollo de los niños, psicología, neurología y otras disciplinas en busca de formas para afectar positivamente al cerebro y estimularlo.
>
> Con este enfoque ecléctico de ensayo y error, adaptó y simplificó una serie de ejercicios que fueron dando crecientes resultados positivos en la gente con que trabajaba (...).
>
> Siendo él mismo disléxico, (...) ayudó inicialmente a jóvenes calificados como fracasos por el sistema educativo convencional. Los movimientos de la gimnasia

cerebral fueron exitosos con ellos, quienes se volvieron a sentir capaces de participar e integrarse a la escuela, la familia y la sociedad en forma más armoniosa y efectiva. En la actualidad se enseña también a estudiantes de altos logros y sin problemas de aprendizaje, para desempeñarse en forma más eficiente y efectiva (2010-2011, p. 20).

Para Orellana (2010, p. 18), practicar gimnasia cerebral «ayuda a lograr la comunicación entre cuerpo y cerebro, lo que significa eliminar del organismo estrés y tensiones al mover la energía bloqueada y permitiendo que la energía fluya de manera fácil por el complejo mente-cuerpo». En suma, la gimnasia cerebral ayuda a aprender con efectividad y holísticamente al utilizar la totalidad del cerebro y cuerpo. Por ello es una herramienta útil para el proceso enseñanza-aprendizaje y para mejorar la comunicación asertiva.

De La Cruz Capani y Gago Paucar (2017) refieren que

en 1969, el Dr. Paul Dennison realizó una serie de investigaciones relacionados a la neurociencia y su relación con toda la corporalidad del individuo. Así fue como desarrollo la técnica denominada gimnasia mental, que consiste en la unión de varios movimientos de la gimnasia occidental (atletismo, aeróbicos, danza moderna, etc.) y ejercicios orientales (como taichi [*sic*] y la respiración yoga, entre otros). Esta propuesta encuentra su pilar fundamental en la kinesiología, ciencia que estudia el movimiento muscular, en unión con la psicología y la neurología.

Por su parte, Orellana afirma lo siguiente sobre la influencia de la gimnasia cerebral en el organismo:

Para poder entender cómo funciona en nuestro cerebro la gimnasia cerebral trabaja la teoría del cerebro triuno, desarrollada por Paúl Mclean, que basa en el desarrollo evolutivo del cerebro, según esta teoría el cerebro está dividido en tres partes o dimensiones, cada una con distintas funciones:

El reptiliano: la parte más antigua del cerebro que controla las reacciones instintivas y las funciones (ritmo cardíaco, temperatura, etc.)

El sistema límbico: que aparece con los mamíferos y que regula las emociones, la memoria, la relacione sociales sexuales, entre otras.

Neocortex *[sic]*: que nos da la capacidad del pensamiento, tanto racional como creativo. Gracias a esto somos capaces de escribir, hablar, leer, inventar, crear y realizar aquellas actividades que requieran destrezas (2010, pp. 9-10).

¿Qué es la gimnasia cerebral?

Como indica Loja Sánchez, (2012):

Partiendo del principio básico de que «cuerpo y mente son un todo inseparable y de que no hay aprendizaje sin movimiento», el Dr. Paul Dennison ha creado una serie de movimientos coordinados cuyo objeto es activar los sentidos y facilitar la integración y asimilación de nuevos conocimientos (2012, p. 27).

El cerebro está divido en dos hemisferios: izquierdo y derecho, «el primero cumple funciones de orden lógico, operaciones matemáticas, control del lenguaje hablado y escrito, razonamiento; el hemisferio derecho se relacionan con las emociones, habilidades artísticas, imaginación, ritmo, sentido musical» (Orellana, 2010, p. 7). Asimismo, esta autora indica que «la Gimnasia Cerebra [*sic*] es una serie de movimientos corporales sencillos diseñados que activan o interconecta [*sic*] ambos hemisferios del cerebro, logrando condiciones óptimas para realizar cualquier cosa» (p. 16).

La gimnasia cerebral consiste en renovar los procesos mentales, reforzar la memoria y activar los hemisferios cerebrales mediante actividades y ejercicios sencillos. Son «movimientos y ejercicios que estimulan el funcionamiento de ambos hemisferios cerebrales que nos permite optimizar sus funciones y mejorar la conexión entre cerebro y cuerpo a través del movimiento» (Rosique, s. f., párr. 1).

Rendón López (s. f., p. 14) hace referencia a que «La gimnasia cerebral nos permite conocer y hablar en los cinco idiomas: visual, auditivo, táctil, olfativo y gustativo, lo que resulta trascendental cuando nos dirigimos a nuestros estudiantes-interlocutores, porque así conectaremos fácilmente con sus representaciones cerebrales».

Por su parte, Valenzuela (2000) indica que la gimnasia cerebral es una disciplina que se basa en una serie de veintiséis movimientos corporales sencillos, diseñados para ayudar a conectar ambos hemisferios cerebrales y estar en óptimas condiciones para realizar cualquier actividad en la que se necesite atención, imaginación, inteligencia, creatividad, memoria, equilibrio, focalización y gran energía.

Según García, «el cerebro es el encargado de todos los movimientos y funciones de nuestro cuerpo. La gimnasia cerebral lo fortalece y ayuda a mejorar diferentes aspectos como: El aprendizaje, / La memoria / La creatividad» (s. f., p. 8).

Además, para Gonzales

> La gimnasia cerebral o *Brain Gym* es una técnica de ejercicios integrales creada por el doctor *Paul Dennison*, experto en kinesiología, psicología del aprendizaje y deportes. Este novedoso sistema orienta la ejercitación física al estímulo de las habilidades y capacidades de la mente. Con una serie de ejercicios, se ejercitan los hemisferios cerebrales, mejorando nuestras capacidades cognitivas (2012, párr. 5).

De acuerdo con las concepciones de diversos autores, se puede definir a la gimnasia cerebral como movimientos combinados y coordinados para ejercitar los hemisferios cerebrales con el propósito de mejorar las capacidades cognitivas.

1.1.4. Características de la gimnasia cerebral

Acerca de la gimnasia cerebral y sus características, se suscribe lo planteado por García:

> Un aspecto que es importante resaltar en la teoría de gimnasia cerebral son las características que presenta dicha teoría del Dr. Paul Dennison. Según el Dr. Dennison sobre la gimnasia cerebral, los ejercicios que conforman esta teoría se caracterizan por ser movimientos corporales coordinados sencillos de realizar a cualquier edad. Son movimientos fáciles que estimulan los hemisferios cerebrales.

> Para realizar estos ejercicios se necesita utilizar fundamentalmente los brazos y piernas. Para poder aplicar los ejercicios de la Gimnasia Cerebral, se concibe al cerebro en tres dimensiones (2009, p. 7).

Por su parte, Gómez menciona lo siguiente:

Sintéticamente *Brain Gym* es un sistema que utiliza fundamentalmente el movimiento y la postura corporal para restablecer un funcionamiento cerebral óptimo. Los problemas de aprendizaje ocurren cuando la información no fluye. El normal funcionamiento del cerebro requiere de una comunicación eficiente entre los centros funcionales de todo el cerebro.

Los movimientos que utiliza *Brain Gym* están diseñados para estimular el libre flujo de información dentro del cerebro, restaurando nuestra innata capacidad de aprender y funcionar con la mayor eficiencia (2016, p. 2).

1.1.5. Dimensiones del cerebro

Siguiendo de nuevo a Gómez (2016, p. 4), es posible describir la función del cerebro sobre la base de tres dimensiones:

La lateralidad

Es la capacidad de coordinar un hemisferio cerebral con el otro, en especial con el campo medio. Esta capacidad es fundamental para leer, escribir y comunicarse. «Es algo esencial para el movimiento fluido de todo el cuerpo y para la habilidad de moverse y pensar al mismo tiempo» (p. 4).

El centrado

«Es la capacidad de coordinar las áreas superiores e inferiores del cerebro» (p. 4), relacionada con la sensación y expresión de las emociones, la capacidad de responder con claridad y seguridad, de forma relajada, organizada y acertadamente.

El foco

Se refiere a la capacidad de coordinar los lóbulos cerebrales frontales y posteriores, que se relaciona directamente con la participación y la comprensión.

> También con la habilidad de tener en cuenta los detalles de una situación al mismo tiempo que se mantiene una perspectiva del yo y del contexto general, para poder así entender y contextualizar nueva información a la luz de experiencias previas. Las personas que no poseen esta capacidad presentan desordenes de atención e incapacidad para entender (Gómez, 2016, p. 4).

Por su parte, así describe García (s. f., 7-8) a las tres dimensiones del cerebro:

> La dimensión de la lateralización es la habilidad para cruzar la línea central, y trabajar en el campo medio. Cuando se ha dominado esta habilidad se puede procesar un código lineal, simbólico, escrito, de izquierda a derecha y de derecha a izquierda. Esta habilidad es importante y fundamental para lograr el éxito escolar. La incapacidad para cruzar la línea central puede traer como consecuencias problemas de aprendizaje, entre ellos dislexia.La dimensión del enfoque o enfocamiento es la habilidad para cruzar la línea central de la participación que separa el lóbulo posterior (occipital) y el lóbulo anterior (frontal). La incapacidad para participar de forma activa en el proceso

de enseñanza aprendizaje, así como para expresarse con facilidad. Los estudiantes que presentan esta dificultad generalmente son considerados como hiperactivos, desatentos, con problemas en el lenguaje y con incapacidad para comprender.

La dimensión del centraje o concentración es la habilidad para cruzar la línea que divide el componente emocional y el pensamiento abstracto. Sin duda alguna se puede afirmar que es imposible aprender si no existe un componente emocional, que son los sentimientos, y sin la significación la incapacidad para realizar esta habilidad se refleja en los estudiantes en reacciones de lucha o escape, el miedo irracional, la falta de sensibilidad o la incapacidad para expresar sentimientos.

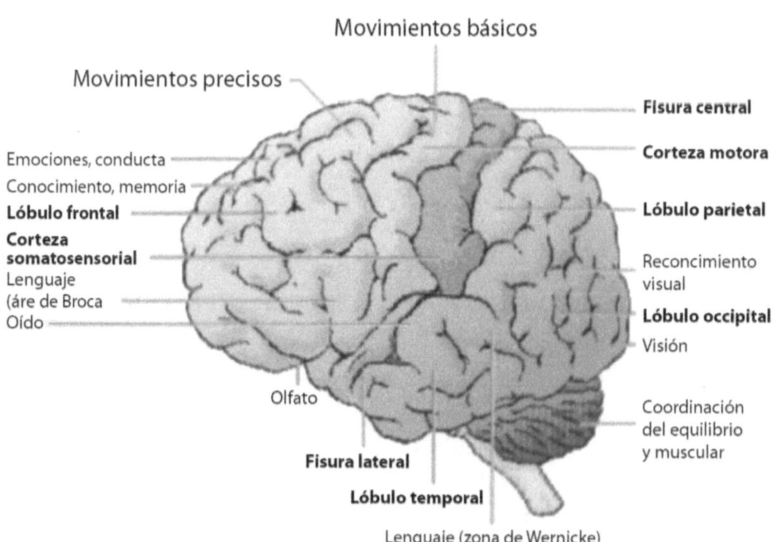

Figura 1. Funciones de la corteza cerebral

1.1.6. Teorías neurocientíficas del aprendizaje

Para hablar acerca del aprendizaje y las teorías neurocientíficas acerca de este, se citará el trabajo de Velásquez Burgos, Calle M. y Remolina de Cleves:

Teoría Neurocientífica o del Cerebro triuno

Ésta [*sic*] surge a partir de los estudios realizados por Roger Sperry[1] (1973) y Paul MacLean (1990)[2] y con base en estos descubrimientos, la Dra. Elaine de Beauport (1994), inscribiéndose dentro de la corriente de pensamiento que se inicia con la Física Cuántica, desarrolla una conceptualización sobre el cerebro y las múltiples inteligencias (...).

Contribuyen a este modelo los resultados de las investigaciones de Roger Sperry y MacLean, quienes señalan que el cerebro humano está conformado por tres estructuras química y físicamente diferentes a las que denominó: sistema neocortical, el cual está estructurado por el hemisferio izquierdo y el hemisferio derecho; el sistema límbico, que se ubica debajo de la neocorteza y está asociado a la capacidad de sentir y desear; y un tercer sistema-R (reptiliano) o básico que se relaciona con los patrones de conducta, sentido de pertenencia y territorialidad, así como con el sistema de creencias y valores que se recibe a partir de la primera formación (...).

Teoría del cerebro total o cerebro base del aprendizaje

Con base en los modelos de Sperry y de Mclean, Ned Herrmann (1994) elaboró un modelo de cerebro compuesto por cuatro cuadrantes izquierdo y derecho que resultan del entrecruzamiento de los hemisferios del modelo Sperry, y de los cerebros límbico y cortical del modelo McLean. Los cuatro cuadrantes representan formas distintas de operar, de pensar, de crear, de aprender y, en suma, de convivir con el mundo, aun cuando se admite que el cerebro funciona como una totalidad integrada.

Las características de estos cuatro cuadrantes propuestos por Herrman [sic] (1994) son: en el aspecto cognitivo, el cortical izquierdo está caracterizado por: experticia, lógica analítica, basado en hechos, cuantitativo y realista. El límbico izquierdo se caracteriza por ser: organizador, secuencial, planeador, detallado.

En el aspecto visceral, el cortical derecho es estratega, holístico intuitivo, sintetizador e integrador, idealista. El límbico derecho es comunicador, interpersonal, afectivo, estético y emocional.

Herrman [sic] (1994) propuso la anterior teoría del cerebro total que se expresa en un modelo que integra la neocorteza (hemisferios derecho e izquierdo) con el sistema límbico. Concibe esta integración como una totalidad orgánica dividida en cuatro áreas o cuadrantes, a partir de cuyas interacciones se puede lograr un estudio más amplio y completo de la operatividad del cerebro y sus implicaciones en la creatividad y el aprendizaje. Cada una de las áreas cerebrales o cuadrantes realiza funciones diferenciadas.

Así, el lóbulo superior izquierdo (cuadrante A) se especializa en el pensamiento lógico, cualitativo, analítico, crítico, matemático y basado en hechos concretos. Por su parte, el lóbulo inferior izquierdo (cuadrante B), se caracteriza por un estilo de pensamiento secuencial, organizado, planificado, detallado y controlado; el lóbulo inferior derecho (cuadrante C) se caracteriza por un estilo de pensamiento emocional, sensorial, humanístico, interpersonal, musical, simbólico y espiritual. Finalmente, el lóbulo superior derecho (cuadrante D), se destaca por su estilo de pensamiento conceptual, holístico, integrador, global, sintético, creativo, artístico, espacial, visual y metafórico.

Las cuatro áreas antes señaladas se recombinan y forman, a su vez, cuatro nuevas modalidades de pensamiento, éstas son: (a) realista y del sentido común formado por las áreas A y B (hemisferio izquierdo); (b) idealista y kinestésico, constituido por las áreas C y D (hemisferio derecho); (c) pragmático o cerebral, conformado por los cuadrantes o áreas A y D; e (d) instintivo y visceral formado por las áreas B y C (sistema límbico).

Herrmann llega a la validación de su modelo, a partir del análisis factorial de las respuestas de un cuestionario aplicado a una muestra de más de 100.000 ciudadanos norteamericanos. Dicho cuestionario estaba formado por ítems que representaban las diferentes funciones cerebrales que típicamente utilizan los individuos en situaciones académicas, laborales, de recreación y de la vida diaria. En cada caso, se le pide al sujeto indicar su preferencia por tal o cual función, con el objeto de identificar cuál es la tendencia de su dominancia respecto a cada cuadrante.

A la anterior descripción corresponden los siguientes comportamientos: cortical izquierdo, es frío, distante; pocos gestos; voz elaborada; intelectualmente brillante; capaz de evaluar y criticar; irónico; competitivo; individualista, entre otros aspectos. Los procesos cognitivos que desarrolla son: análisis, razonamiento, lógica, rigor y claridad; tendencia por los modelos y teorías, colecciona hechos, procede por hipótesis, prefiere la palabra precisa. Las competencias que desarrolla son: abstracción; matemática; cuantitativa; finanzas; técnica; y resolución de problemas.

El cortical derecho tiene las siguientes características: originalidad; sentido del humor; inclinación por el riesgo; espacialidad; tendencia a las discusiones; futurista; discurso brillante; independencia. Los procesos cognitivos que desarrolla, son: conceptualización; síntesis, imaginación; visualización, asociación; integración de imágenes y metáforas. Las competencias que posee, son las siguientes: innovación; creación; espíritu empresarial; visión de futuro; investigación.

El límbico izquierdo tiene como características ser introvertido; emotivo, controlado; minucioso, maniático; tiende a monologar; gusto por las fórmulas; conservador y fiel; defensa del espacio; vinculación a la experiencia y amor al poder. Los procesos cognitivos que desarrolla, son: planificación; formalización; estructura; definición de procedimientos; secuencial; verificador; ritualista y metódico. Las competencias que posee, son: administración; sentido de organización; realización y puesta en marcha; liderazgo; orador y trabajador consagrado.

El límbico derecho presenta como características el ser extrovertido; emotivo; espontáneo; gesticulador; lúdico; hablador; espiritual; aquiescente; reacción contra las críticas negativas. Los procesos cognitivos que desarrolla son: integración mediante la experiencia; tendencia al principio del placer; fuerte implicación afectiva; trabaja con base en sentimientos; escucha y pregunta; siente la necesidad de compartir y de vivir en armonía; evalúa los comportamientos. Las competencias que desarrolla son: relaciones interpersonales; propensión al diálogo, tendencia a la enseñanza; trabajo en equipo; competencias comunicativas (...).

Cerebro derecho versus cerebro izquierdo

La teoría *cerebro derecho versus cerebro izquierdo* enfatiza que los dos hemisferios cerebrales controlan diferentes «modos» del pensamiento, de tal forma que cada individuo privilegia un modo sobre el otro. El aporte significativo de esta teoría es haber descubierto que los dos hemisferios difieren significativamente en su funcionamiento.

Sperry y colaboradores (1970), han demostrado que los dos hemisferios cerebrales, el derecho y el izquierdo, son responsables de diferentes maneras de pensamiento. El cerebro izquierdo es lógico, secuencial, racional, analítico, lingüístico, objetivo, coherente y detalla las partes que conforman un todo; de igual manera, como afirma Linda Lee Williams (1986) este hemisferio es un procesador algorítmico que maneja información detallada, exacta, puntual, lo cual permite realizar análisis, aplicaciones y cálculos matemáticos entre otras acciones. Por otra parte, el cerebro derecho es memorístico, espacial, sensorial, intuitivo, holístico, sintético, subjetivo y detalla el todo; por lo tanto, potencia la estética, los sentimientos, y es fuente primaria de la percepción creativa. En este sentido, es importante hacer hincapié en que cada individuo tiene un mayor desarrollo en uno de los dos hemisferios; algunos, sin embargo, utilizan todo el cerebro (2006: 231-235, 237).

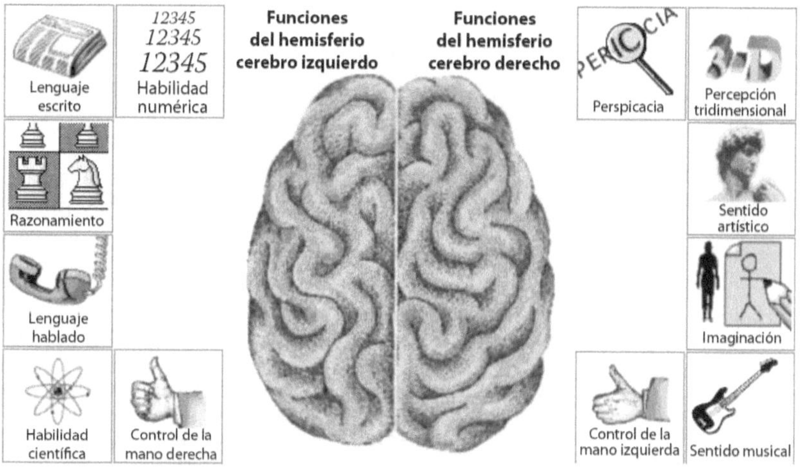

Figura 2. Funciones de los hemisferios cerebrales izquierdo y derecho

1.1.7. Rendimiento académico

Para definir al rendimiento académico se citará a Ramírez De la Torre:

El rendimiento académico se define como el producto de la asimilación del contenido de los programas de estudio, expresado en calificaciones dentro de una escala convencional (...).

En otras palabras, se refiere al resultado cuantitativo que se obtiene en el proceso de aprendizaje de conocimientos, conforme a las evaluaciones que realiza el docente mediante pruebas objetivas y otras actividades complementarias (2019, p. 51).

Por su parte, Colmenares y Delgado mencionan lo siguiente:

(...) De la Orden, A. (2003), propone la idea de la multimensionalidad *[sic]* del producto educativo, enmarcando el concepto de rendimiento en un conjunto de relaciones complejas, por cuanto generalmente éste *[sic]* ha sido definido como producto inmediato de la educación, de la aptitud para aprender, pero esa aptitud a su vez está ligada a la actitud efecto de rendimientos educativos específicos acumulados a lo largo del tiempo, integrados en estructuras cognitivas, pensamientos y prácticas mediadas por lo escolar formal, en el marco de dimensiones culturales y sociales de cuya identificación depende la predicción de futuros rendimientos en el aprendizaje escolar.

Lo antes referido es diferente al concepto abstracto de rendimiento académico entendido sólo *[sic]* desde su valor cuantitativo y lineal, sin considerar habilidades de rango superior referidas al desarrollo moral, autoafirmación o éxito vocacional estrechamente relacionadas con la disposición hacia el buen o mal desempeño estudiantil. Pudiera decirse que delimitar el concepto y ámbito de aplicación del término «rendimiento académico» no constituye tarea fácil, considerando el carácter complejo y multidimensional que conforma esta variable del área educativa.

En este sentido, Montero, R. y otros (2007), indican que el rendimiento académico es el resultado del aprendizaje suscitado por la intervención pedagógica de profesor o la profesora, y producido por el alumno. Deriva entonces de este planteamiento que, «rendimiento académico no es el producto analítico de una única aptitud, sino el resultado sintético de la suma de elementos que actúan en, y desde la persona que aprende», en torno a elementos de carácter institucional, pedagógicos, psicosociales y sociodemográfico. los cuales se constituyen en las dimensiones del rendimiento académico para efecto de esta investigación (2008, pp. 185-186).

Por último, se cita a Arenas Rodríguez, quien asegura que el estudiante

> (...) dada su propia naturaleza, se debate entre problemas de inasistencias, falta de libros de texto, maestros abúlicos, metodologías de dirección del aprendizaje obsoletas, carencia de recursos de aprendizaje, ambientes escolares inadecuados; además de otras presiones situacionales que causan problemas en el ámbito personal del sujeto; por ejemplo, frustraciones que le hacen sentirse incompetente, inhibición de sus capacidades, dificultades para el aprendizaje, «lagunas» intelectuales, bajo rendimiento, malas calificaciones, regaños, recriminaciones y otra serie de circunstancias, que lo único que consiguen en el sujeto, es cierta rebeldía natural que imposibilitan el desarrollo intelectual y el progreso académico (2014, pp. 77-78).

Capítulo II
MATERIALES Y MÉTODOS

2.1. TIPO Y NIVEL DE INVESTIGACIÓN

2.1.1. Tipo de investigación

El presente estudio corresponde al tipo de investigación básica. Para Paredes Morales, W. y Bejarano Auqui, la investigación básica

> es la que no tiene propósitos aplicativos, pues sólo *[sic]* busca ampliar y profundizar el caudal de conocimientos científicos existentes acerca de la realidad. Su objeto de estudio lo constituyen las teorías científicas, las mismas que las analiza para perfeccionar sus contenidos (2012, p. 56).

2.1.2. Nivel de investigación

El nivel de este trabajo se corresponde con una investigación de tipo descriptivo, porque permitirá explicar el nivel de relación entre las habilidades coordinativas y las capacidades cognitivas. Según Hernández, Fernández y Baptista (2014, p. 93): «este tipo de estudio tiene como finalidad conocer la relación o grado de asociación que existe entre dos o más conceptos, categorías o variables en una muestra o contexto particular».

2.1.3. Diseño de la investigación

En esta investigación se tuvo en cuenta el diseño cuasi experimental.

GE: O_1--------------------X-----------------------------O_2

GE: O_3---O_4

Donde:

O = Observación de la variable de estudio

X = Aplicación de la estrategia didáctica

2.1.4. Población y muestra

Población

Para el presente trabajo se ha asumido una población de 450 estudiantes del primer ciclo de estudio de la Universidad Nacional de San Martín, distrito de Tarapoto, provincia y región San Martín.

Muestra

La muestra de estudio se determinó aplicando la siguiente fórmula:

$$n=\frac{N*Z_a^2 p*q}{d^2*(N\text{-}1)+Z_a^2*p*q}$$

Así, la muestra está conformada por 102 estudiantes de las siguientes carreras: Economía (34), Contabilidad (36) y Administración (32).

Técnicas e instrumentos de recolección de datos.

De las variables dependientes:
- Observación documental (ficha de observación).

De las variables independientes:
- Registros.
- Actas.
- Boletas de notas.

Técnicas de procesamiento y análisis de datos.

La recolección de datos se realizó mediante la observación estructurada en la variable independiente, etapa en la que se realizaron las pruebas previas y posteriores al test; hay que tener en cuenta que en el grupo experimental se aplicó la estrategia establecida. Posteriormente se constataron las notas del rendimiento académico en los registros de los profesores. Para tener mayor evidencia del resultado, las calificaciones se verificaron en las actas y boletas de notas.

En el presente estudio se aplicó un análisis exploratorio bivariable.

Capítulo III

RESULTADOS Y DISCUSIÓN

3.1. HOMOGENEIDAD DEL RENDIMIENTO ACADÉMICO EN MATEMÁTICA Y COMUNICACIÓN EN LA EDUCACIÓN SECUNDARIA DE LOS GRUPOS EXPERIMENTAL Y DE CONTROL

A fin de comprobar la homogeneidad de los grupos experimental y de control de esta investigación, se realizó un estudio de sus notas de Matemática y Comunicación en cuarto y quinto año de educación secundaria. Se calcularon los siguientes índices estadísticos: la media aritmética, la desviación estándar y el coeficiente de variabilidad; finalmente se utilizó la prueba de la hipótesis

Los datos recogidos, una vez procesados, se presentan y analizan a continuación.

3.1.1. Análisis del rendimiento académico en Matemática y Comunicación del grupo de control

En dos cuadros se registraron las notas de Matemática y Comunicación que obtuvieron en cuarto y quinto año de educación secundaria los estudiantes matriculados en el primer ciclo de las Escuelas Profesionales de Administración y Contabilidad en la Universidad Nacional de San Martín, semestre 2018-I.

En la penúltima columna de los cuadros se registró el promedio de las notas de cada estudiante y se clasificaron en categorías de la A hasta la E, siendo A el mayor rendimiento académico y E el más bajo.

De esta manera se elaboró la Tabla 1, en la que se observa que en la clase B 11,8 % de los estudiantes obtuvieron un promedio de notas entre 17 a 18; 30,9 % se ubican en la clase C con un rendimiento promedio de 15 a 16; en la clase D 39,7 % obtuvieron promedios de 13 a 14; y en la clase E 17,6 consiguieron un promedio de 11 a 12.

La media de las notas de los estudiantes que constituyen el grupo de control, es de 14,2, con una desviación estándar de 1,8 y un coeficiente de variación de Pearson de 12,7.

Tabla 1. Distribución de frecuencias e índices estadísticos de las notas de educación secundaria del grupo de control

Clase	Intervalo de notas	Xi	Fi	%	Fi*Xi	Di	Di^2	Fi*Di^2
A	19-20	19,5	0	0,0	0	5.3	27,7	0,0
B	17-18	17,5	8	11,8	140	3.3	10,7	85,3
C	15-16	15,5	21	30,9	325,5	1.3	1,6	33,6
D	13-14	13,5	27	39,7	364,5	-0.7	0,5	14,6
E	11-12	11,5	12	17,6	138	-2,7	7,5	89,8
Sumatoria:			68	100,0	968,0			223,2
Índices estadísticos:		Xc =	14,2					
		Sc =	1,8					
		CVc =	12,7					

Fuente: elaboración propia.

3.1.2. Análisis del rendimiento académico en Matemática y Comunicación del grupo experimental

Las notas de Matemática y Comunicación que obtuvieron en cuarto y quinto año de educación secundaria los estudiantes matriculados en el primer ciclo en las Escuelas Profesionales de Economía y Administración de Turismo en la Universidad Nacional de San Martín, semestre 2018-I, fueron recogidas en dos cuadros.

En este instrumento se indica el promedio de las notas de los alumnos. También se clasificaron los promedios en categorías de la A hasta la E, siendo A el mayor rendimiento académico y E el más bajo.

Con estos datos se elaboró la Tabla 2. En ella se puede advertir que en la clase A 1,9 % de los estudiantes obtuvieron un promedio de 19 a 20; 9,6 % pertenecen a la clase B, con un promedio de 17 a 18; la clase C, de 23,1 %, tuvo un rendimiento promedio de 15 a 16; con 46,2 %, la clase D obtuvo promedios de 13 a 14; y el 19,2 % de la clase E tuvo un promedio de 11 a 12.

La media de las notas de los estudiantes del grupo experimental es de 14,1, con una desviación estándar de 1,9 y un coeficiente de variación/variabilidad de Pearson de 13,5.

Tabla 2. Distribución de frecuencias e índices estadísticos de las notas de educación secundaria del grupo experimental

Clase	Intervalo de notas	X_i	F_i	%	F_i*X_i	D_i	D_i^2	$F_i*D_i^2$
A	19-20	19,5	1	1,9	19,5	5,4	29,4	29,4
B	17-18	17,5	5	9,6	87,5	3,4	11,7	58,6
C	15-16	15,5	12	23,1	186	1,4	2,0	24,3
D	13-14	13,5	24	46,2	324	-0,6	0,3	8,0
E	11-12	11,5	10	19,2	115	-2,6	6,6	66,4
Sumatorias:			52	100,0	732,0			186,7
Índices estadísticos:		$X_e =$	14,1					
		$S_e =$	1,9					
		$CV_e =$	13,5					

Fuente: elaboración propia.

3.1.3. Prueba estadística de la hipótesis del rendimiento académico en Matemática y Comunicación

A continuación se mencionan las hipótesis planteadas para realizar la prueba estadística:

- **Hipótesis nula:** los grupos de control y experimental tienen un rendimiento académico homogéneo en Matemática y Comunicación en el cuarto y quinto año de educación secundaria. Matemáticamente se expresa así:

$$Ho: Xe = Xc$$

- **Hipótesis alterna:** el grupo experimental tiene un rendimiento académico mayor al del grupo de control en las asignaturas de Matemática y Comunicación en el cuarto y quinto año de educación secundaria. La expresión matemática es la siguiente:

$$H: Xe > Xc$$

a = 0,05 de margen de error o coeficiente de significancia (probabilidad de cometer error tipo I).

Z crítico = + 1,645 para una prueba de cola derecha en la distribución normal. Se calculó Z:

$$Z = \frac{X_e - X_c}{\sqrt{\dfrac{S_e^2}{n_e} + \dfrac{S_c^2}{n_c}}}$$

$$Z = \frac{14{,}1 - 14{,}2}{\sqrt{\dfrac{1{,}9^2}{52} + 1{,}8^2}}$$

$$Z = -0{,}46$$

Como Z = -0,46 menor que 1,645, se demuestra que la diferencia de las medias de los grupos experimental y de control no son significativas, por lo tanto, se acepta la hipótesis nula. De esta manera se puede afirmar que el rendimiento académico de los grupos experimental y de control en Matemática y Comunicación en cuarto y quinto año de educación secundaria es homogéneo.

3.2. COMPARACIÓN DEL RENDIMIENTO ACADÉMICO EN MATEMÁTICA Y COMUNICACIÓN EN EL PRIMER CICLO DE ESTUDIOS EN LA UNIVERSIDAD NACIONAL DE SAN MARTÍN, SEMESTRE 2018-I, DE LOS GRUPOS EXPERIMENTAL Y DE CONTROL

Para comparar los rendimientos promedios de las notas de Matemática y Comunicación de los grupos experimental y de control en el primer ciclo de estudios en la Universidad Nacional de San Martín, semestre 2018-I, se calcularon los siguientes índices estadísticos: media aritmética, desviación estándar y coeficiente de variabilidad. Finalmente se utilizó la prueba de la hipótesis con el fin de conocer si el estímulo del programa de estrategias didácticas en Educación Física con gimnasia cerebral tuvo un efecto positivo en el rendimiento académico del grupo experimental.

Tras procesar los datos recogidos, estos se presentan y analizan a continuación.

3.2.1. Análisis del rendimiento académico en Matemática y Comunicación del grupo de control

Se recopilaron en dos cuadros las notas de Matemática y Comunicación que obtuvieron los estudiantes de las Escuelas Profesionales de Administración y Contabilidad del primer ciclo de estudios en la Universidad Nacional de San Martín, semestre 2018-I.

En la penúltima columna se registra el promedio de las notas de cada estudiante y se clasificaron en categorías de la A hasta la E, siendo A el mayor rendimiento académico y E el más bajo.

La Tabla 3 muestra que en la clase B 1,5 % de los estudiantes obtuvieron un promedio de notas entre 15 y 16; 48,5 % se ubican en la clase C, con un rendimiento promedio de 13 a 14; la clase D es de 41,2 % que obtuvieron promedios de 11 a 12; y en la clase E 8,8 % de los alumnos consiguieron un promedio de 11 a 12.

La media de las notas de los estudiantes que constituyen el grupo de control es de 12,35, con una desviación estándar de 1,3 y un coeficiente de variación/variabilidad de Pearson de 10,9.

Tabla 3. Distribución de frecuencias e índices estadísticos de las notas del primer ciclo en la Universidad Nacional de San Martín del grupo de control

Clase	Intervalo de notas	Xi	Fi	%	Fi*Xi	Di	Di^2	Fi*Di^2
A	17-18	17,5	0	0,0	0	5,1	26,5	0,0
B	15-16	15,5	1	1,5	15,5	3,1	9,9	9,9
C	13-14	13.5	33	48,5	445,5	1,1	1,3	43,4
D	11-12	11,5	28	41,2	322	-0,9	0,7	20,4
E	9-10	9,5	6	8,8	57	-2,9	8,1	48,8
Sumatoria:			68	100,0	840.0			122,5
Índices estadísticos:			Xc =	12,35				
			Sc =	1,3				
		CVc =		10,9				

Fuente: elaboración propia.

3.2.2. Análisis del rendimiento académico en Matemática y Comunicación del grupo experimental

Se hizo un registro en dos cuadros de las notas de Matemática y Comunicación que obtuvieron los estudiantes de las Escuelas

Profesionales de Economía y Administración de Turismo del primer ciclo de estudios en la Universidad Nacional de San Martín, semestre 2018-I.

En la penúltima columna aparece el promedio de las notas de los alumnos. Además, se clasificaron los promedios en categorías de la A hasta la E, siendo A el mayor rendimiento académico y E el más bajo.

Las fórmulas empleadas para el cálculo de los indicadores estadísticos fueron las siguientes:

Media aritmética
$$\bar{x} = \frac{\sum F_i.X_i}{n}$$

Desviación estándar
$$S = \sqrt{\frac{\sum F_i.D_i^2}{n}}$$

Coeficiente de variabilidad
$$CV = \frac{S}{\bar{x}}100$$

Luego se elaboró la Tabla 4, en la cual se advierte que en la clase A 7,7 % de los estudiantes obtuvieron un promedio de notas entre 17 y 18; 13,5% se encuentran en la clase B con un rendimiento de 15 a 16; la clase C, de 34,6 %, tiene un rendimiento promedio de 13 a 14; la clase D está formada por 36,5 % de alumnos que obtuvieron promedios de 11 a 12; y en la clase E, 7,7 % tuvieron un promedio de 9 a 10.

La media de las notas, de los estudiantes que constituyen el grupo experimental es de 13,04 (mayor al correspondiente del grupo de control), con una desviación estándar de 2,1 y un coeficiente de variación/variabilidad de Pearson de 15,8.

Tabla 4. Distribución de frecuencias e índices estadísticos de las notas del primer ciclo en la Universidad Nacional de San Martín del grupo experimental

Clase	Intervalo de notas	Xi	Fi	%	Fi*Xi	Di	Di^2	Fi*Di^2
A	17-18	17,5	4	7,7	70	4,5	19,9	79,6
B	15-16	15,5	7	13,5	108,5	2,5	6,1	42,4
C	13-14	13,5	18	34,6	243	0,5	0,2	3,8
D	11-12	11,5	19	36,5	218,5	-1,5	2,4	45,0
E	9-10	9,5	4	7,7	38	-3,5	12,5	50,1
Sumatorias:			52	100,0	678,0			220,9
Índices estadísticos:		Xe =	13,04					
		Se =	2,1					
		CVe =	15,8					

Fuente: elaboración propia.

3.2.3. Prueba estadística de la hipótesis del rendimiento académico en Matemática y Comunicación

Se presentan a continuación las hipótesis propuestas para la prueba estadística;

- **Hipótesis nula:** los grupos de control y experimental tienen un rendimiento académico homogéneo en Matemática y Comunicación en el primer ciclo de estudios en la Universidad Nacional de San Martín. Matemáticamente se expresa así:

$$Ho: Xe = Xc$$

- **Hipótesis alterna:** el grupo experimental tiene un rendimiento académico mayor al del grupo de control en las asignaturas de Matemática y Comunicación en primer ciclo de estudios en la Universidad Nacional de San Martín. La expresión matemática es la siguiente:

$$H: Xe > Xc$$

a = 0,05 de margen de error o coeficiente de significancia (probabilidad de cometer error tipo I)

Z crítico = + 1,645 para una prueba de cola derecha en la distribución normal. Se calculó Z:

$$Z = \frac{X_e - X_c}{\sqrt{\dfrac{S_e^2}{n_e} + \dfrac{S_c^2}{n_c}}}$$

$$Z = \frac{13,04 - 12,35}{\sqrt{\dfrac{2,1^2}{52} + \dfrac{1,3^2}{68}}}$$

$$Z = 2,08$$

Como Z = 2,08 mayor que 1,645, se demuestra que la media del grupo experimental es significativamente mayor a la del grupo control; por lo tanto, se rechaza la hipótesis nula y se acepta la alterna. De esta manera, se puede afirmar que el rendimiento académico del grupo experimental en Matemática y Comunicación en el primer ciclo de estudios en la Universidad Nacional de San Martín es significativamente mayor que en el grupo de control.

Se concluye que el programa de estrategias didácticas en Educación Física con incorporación de gimnasia cerebral si mejora el rendimiento académico de los estudiantes que la practican, confirmándose así la hipótesis.

3.3. ACEPTACIÓN DEL PROGRAMA DE ESTRATEGIAS DIDÁCTICAS DE EDUCACIÓN FÍSICA CON GIMNASIA CEREBRAL POR PARTE DEL GRUPO EXPERIMENTAL

Para medir la aceptación del programa de estrategias didácticas de Educación Física con gimnasia cerebral por parte de los estudiantes del grupo experimental, se les aplicó una encuesta que puede verse en el Anexo I.

El día de aplicación de la encuesta asistieron 50 alumnos del primer ciclo de las carreras profesionales de Economía y Administración de Turismo (34 y 16 estudiantes respectivamente). El diseño de la encuesta fue experimental para un grupo solo después.

Se categorizaron las preguntas y se tabuló la información recogida. Los datos se presentan en la Tabla 5.

Tabla 5. Encuesta al grupo experimental. Número de respuestas y porcentaje por alternativa y pregunta

Pregunta	Categoría de la pregunta	Número de respuestas y porcentaje por alternativa					
		1		2		3	
1	Motivación	37	74 %	9	18 %	4	8 %
2	Didáctica	34	68 %	11	22 %	5	10 %
3	Motivación	38	76 %	9	18 %	3	6 %
4	Didáctica	37	74 %	12	24 %	1	2 %
5	Contenido	32	64 %	12	24 %	6	12 %
6	Didáctica	31	62 %	15	30 %	4	8 %
7	Evaluación	40	80 %	7	14 %	3	6 %
8	Contenido	39	78 %	8	16 %	3	6 %
9	Didáctica	37	74 %	8	16 %	5	10 %
10	Evaluación	37	74 %	10	20 %	3	6 %

Para evaluar en nivel de aceptación del programa de estrategias didácticas de Educación Física con gimnasia cerebral por parte de los estudiantes del grupo experimental, se procesaron las respuestas por categorías, que se muestran en la Tabla 6.

Tabla 6. Encuesta al grupo experimental. Número de respuestas y porcentaje por categorización de la pregunta

Preguntas	Categoría de la pregunta	Alternativa respondida					
		1		2		3	
1, 3	Motivación	75	75,0 %	18	18,0 %	7	7,0 %
2, 4, 6, 9	Didáctica	139	69,5 %	46	23,0 %	15	7,5 %
5, 8	Contenido	71	71,0 %	20	20,0 %	9	9,0 %
7. 10	Evaluación	77	77,0 %	17	17,0 %	6	6,0 %
Total		362	72,4 %	101	20,2 %	37	7,4 %

Operacionalización de la variable: aceptación del programa de estrategias didácticas. Se hizo con las siguientes categorías: motivación, didáctica, contenido y evaluación. Se incluyeron en la encuesta en forma de preguntas, lo que permitió medir el nivel de aceptación.

El procesamiento de la información se muestra en la Tabla 6, que demuestra que 75 % de los encuestados están de acuerdo con la motivación del programa de estrategias didácticas, 69,5 % considera apropiada la didáctica empleada, 71 % considera bueno el contenido y 77 % evalúa positivamente el programa. Este análisis permite concluir que hay una aceptación de 72,4 % del programa de estrategias didácticas de Educación Física con integración de gimnasia cerebral, comparado con solo un 7,4 % de los encuestados que no estaría de acuerdo.

3.3.1. Validación de la encuesta

A fin de medir la aceptación del programa de estrategias didácticas de Educación Física con gimnasia cerebral por los estudiantes del grupo experimental, se aplicó una encuesta como instrumento de recolección de la información (ver el Anexo I). Para la validación de dicho instrumento se utilizó el método de expertos; estos fueron escogidos a conveniencia del investigador, estableciéndose una muestra de tres personas que cumplieron con los siguientes requisitos: ser doctores con más de 15 años de experiencia en la docencia universitaria en la carrera profesional de Educación, y ser investigadores de conocido prestigio.

En una entrevista se les presentó la encuesta y la operacionalización de la variable. El objetivo fue validar el instrumento midiendo la percepción de aprobación de los expertos. El cuestionario fue de tipo escala, específicamente Likert (Hernández, 2006). Cada experto manifestó el valor de las preguntas de la entrevista, de acuerdo con la siguiente escala:

EX: Excelente
BU: Bueno
RE: Regular
DE: Deficiente

La entrevista a los expertos en Educación puede observarse en el Anexo II. En ella, estos opinan sobre la calidad, claridad y pertinencia de los ítems, así como acerca de la relevancia del contenido, la factibilidad de su aplicación y la operacionalización de las variables en motivación, didáctica, contenido y evaluación. Finalmente, los expertos opinaron que la encuesta mide la aceptación del programa de estrategias didácticas de

Educación Física integrado con gimnasia cerebral por parte de los estudiantes del grupo experimental

A continuación, se expone en la Tabla 7 la matriz del porcentaje de expertos que estuvieron de acuerdo con cada una de las preguntas de la encuesta. Se observa que 100 % del total respondieron que el instrumento es excelente o bueno, a excepción de la pregunta 3, en la que 20 % opinó estar de acuerdo en mediana medida.

Tabla 7. Porcentaje de expertos que estuvieron de acuerdo con la elaboración de las preguntas de la encuesta

		% de aprobación				
		EX	BU	RE	DE	Total %
	1	80	20	0	0	100
	2	60	40	0	0	100
	3	60	20	20	0	100
	4	100	0	0	0	100
Preguntas	5	100	0	0	0	100
	6	80	20	0	0	100
	7	100	0	0	0	100
	8	80	20	0	0	100
	9	80	20	0	0	100
	10	80	20	0	0	100

Fuente: elaboración propia.

Se concluye que la encuesta que mide la aceptación del programa de estrategias didácticas de educación física integrado con gimnasia cerebral por los estudiantes del grupo experimental se encuentra validada por expertos.

CONCLUSIONES

Posterior a la recolección de la información y su respectivo análisis estadístico, se llegó a las siguientes conclusiones que responden al objetivo general de la investigación de instaurar un modelo de estrategias didácticas con integración de la gimnasia cerebral para mejorar el rendimiento académico en los estudiantes de la Universidad Nacional de San Martín.

En cuanto al primer objetivo de la investigación —caracterizar las estrategias didácticas en la enseñanza de la Educación Física—, se realizó una ficha de observación para verificar las estrategias que utilizan los docentes al realizar sus sesiones de aprendizaje; esto sirvió de punta de partida para esta investigación.

De acuerdo con el segundo objetivo específico —determinar el nivel de rendimiento académico en el semestre 2018-II antes de aplicar el modelo de estrategias didácticas con integración de la gimnasia cerebral—, se pudo determinar que ambos grupos estaban en igualdad de condiciones al verificar sus promedios de Matemática y Comunicación en cuarto y quinto año en los certificados de estudios secundarios. La media de las notas de los estudiantes que constituyen el grupo de control es de 14,2, y la de los que conforman el grupo experimental es de 14,1. De esta manera, se puede afirmar que el rendimiento académico en ambos es homogéneo.

En cuanto al tercer objetivo específico —diseñar un modelo de estrategias didácticas de educación física integrado con la gimnasia cerebral—, después de verificar el nivel de rendimiento académico se pudo diseñar un modelo de estrategias didácticas con teorías que sustentan y justifican la aplicación de las estrategias propuestas.

Después de llevar a la práctica el modelo de estrategias didácticas se llevó a cabo el cuarto objetivo –aplicar el modelo de estrategias didácticas en las clases de Educación Física–. Al respecto, se concluye que para realizarlo debió tomarse como referencia el proceso enseñanza-aprendizaje en Educación Física, específicamente el método activo, incluyendo en cada uno de las fases la aplicación de la gimnasia cerebral.

Respecto al quinto objetivo –comparar el rendimiento académico en los estudiantes de primer ciclo de la Universidad Nacional de San Martín antes y después de aplicar las estrategias de gimnasia cerebral–, se determinó que la media de las notas de quienes conforman el grupo de control es de 12,35, y la de los estudiantes del grupo experimental es de 13,04 (mayor al correspondiente del grupo control). A raíz de esto, se concluye que el programa de estrategias didácticas en Educación Física con incorporación de gimnasia cerebral sí mejora el rendimiento académico de los estudiantes que la practican, confirmándose la hipótesis de la que parte esta investigación.

Finalmente, respecto al sexto objetivo específico –validar la propuesta teórica práctica de manera experimental– se concluye que, de acuerdo con las encuestas a los estudiantes de la muestra experimental, hay un 72,4 % de aceptación al programa de estrategias didácticas de Educación Física con integración de gimnasia cerebral, comparado con solo un 7,4 % de los encuestados que no estaría de acuerdo. Asimismo lo evidencian las encuestas realizadas a los expertos en educación, en las que 100 % de los entrevistados respondieron que el instrumento es excelente o bueno, a excepción de la tercera pregunta, en la que un 20 % opinó estar de acuerdo en mediana medida. Se concluye que la encuesta que mide la aceptación de los estudiantes del grupo experimental al programa de estrategias didácticas de Educación Física integrado con gimnasia cerebral está validada por expertos.

RECOMENDACIONES

Luego de haber expuesto las conclusiones a las cuales condujo la interpretación y el análisis de los resultados, se formulan algunas recomendaciones destinadas a contribuir con el mejoramiento del rendimiento académico de los estudiantes del primer ciclo de la Universidad Nacional de San Martín a través de estrategias didácticas con integración de gimnasia cerebral.

Se recomienda presentar este libro a los estudiantes, directivos y docentes de la Universidad Nacional de San Martín, donde se llevó a cabo este estudio, en una exposición magistral, con la finalidad de dar a conocer los resultados alcanzados y aportar datos que puedan contribuir con el mejoramiento del rendimiento académico a partir de la aplicación de las estrategias citadas.

Se sugiere a los docentes de la Universidad Nacional de San Martín solicitar ante el rectorado que se dicten cursos o charlas sobre gimnasia cerebral para mejorar y potenciar las capacidades de los estudiantes, así como se vio el mejoramiento del rendimiento académico en la muestra experimental de este trabajo de investigación.

También se recomienda a los docentes desarrollar programas de gimnasia cerebral y aplicarlos en todas las carreras de la universidad desde el primer ciclo, de forma secuencial y persistente en su implementación, a fin de fortalecer y consolidar el desarrollo integral de los estudiantes.

REFERENCIAS BIBLIOGRÁFICAS

Aebli, H. (2005). *Doce Formas básicas de enseñar: una didáctica basada en la psicología*. Narcea.

Acosta, A (2009). *Efecto de un programa de Gimnasia Cerebral en el Conocimiento de la trigonometría en alumnos de 4to. Año de diversificado*. [Tesis de magíster, Universidad Rafael Urdaneta].

Arenas Rodríguez, M. B. (2014). *Correlación entre autoestima y rendimiento académico en los estudiantes del programa profesional de Ingeniería de Industria Alimentaria UCSM Arequipa 2013*. [Trabajo de Grado, Universidad Católica de Santa María]. https://1library.co/document/zpn2g94y-correlacion-autoestima-rendimiento-academico-estudiantes-profesional-ingenieria-alimentaria.html.

Artunduaga Murillo, M. (2008). *Variables que influyen en el rendimiento académico en la universidad*. [Artículo en línea]. http://www.esc.geologia.efn.uncor.edu/wp-content/uploads/2013/05/variables-en-el-rendimiento-acadmico-universitario.pdf.

Borda Hurtado, J. y Ormeño Tercero, M. J. (2011). Las corrientes pedagógicas contemporáneas y los estilos de enseñanza en la educación física. *Revista del Instituto de Investigaciones Educativas*. 14(26), 87, 82, 87, 89-90, 92 https://sisbib.unmsm.edu.pe/bibvirtual/publicaciones/inv_educativa/2010_n26/a07.pdf.

Briceño Pérez, R.(2017). *Efecto de la Gimnasia Cerebral en el Desarrollo Psicomotor en los niños de 6 años del Colegio Bellas Artes*. Venezuela. [Tesis de magíster, Universidad Rafael Urdaneta].

Briones, G. (2016). *Métodos y técnicas de investigación para las ciencias sociales*. Trillas.

Cagigal, J, M. (1984). ¿La Educación Física, ciencia? *Educación Física y Deporte*. 6(2-3), 49. https://www.studocu.com/es-ar/document/universidad-nacional-de-santiago-del-estero/analisis-de-la-practica-docente/jm-cagigal-doc/8040536.

Chávez Calderón, T. C. y Cahuasquí Mora, J. W. (2010-2011). *La gimnasia cerebral y su influencia en el desarrollo del pensamiento en los niños de 3 y 4 años del Centro de Desarrollo Infantil "Lemcis" de la ciudad de Ambato, provincia Tungurahua, en el periodo noviembre 2010 marzo 2011*. [Trabajo de Grado, Universidad Técnica de Ambato]. https://repositorio.

uta.edu.ec/bitstream/123456789/3916/1/tp_2011_193.pdf.

Colmenares, M. y Delgado, F. (2008). La correlación entre rendimiento académico y motivación de logro: elementos para la discusión y reflexión. *Revista electrónica de Humanidades, Educación y Comunicación Social.* 5, 185-186. https://biblat.unam.mx/hevila/Revistaelectronicade-humanidadeseducacionycomunicacionsocial/2008/no5/12.pdf.

Contreras Jordán, O. R. (2013). *Didáctica de la Educación Física. Un enfoque constructivista.* INDE Publicaciones.

Cuerpo calloso del cerebro. [Imagen en línea]. https://medlineplus.gov/spanish/ency/esp_imagepages/8753.htm.

Dennison, P. y Dennison, G.(2007). *Gimnasia Cerebral.* Robin Book.

Dennison, P. y Dennison, G.(2009). *Brain Gym. Aprendizaje de todo el cerebro.* Robin Book.

Dzib Goodin, A. (2017). Los 10 problemas de la educación. *Revista Educarnos.* https://revistaeducarnos.com/los-10-problemas-de-la-educacion/.

Eisner, E. W. (2002). *Procesos cognitivos y curriculum: una base para decidir lo que hay que enseñar.* Ediciones Martínez Roca.

Estrategias didácticas. (s. f.). http://docencia.udea.edu.co/plataforma/cursotic/estrategias_didacticas.html.

Figueroa, Carlos (2014), *Sistemas de Evaluación Académica.* Editorial Universitaria.

Gamarra Olivares, E. (2009*). Las universidades en el Perú o estafados a nombre de la nación.* [Artículo en línea]. http://paraescucharnosmejor.blogspot.com/2009/02/las-universidades-en-el-peru-o.html.

García, L. (s. f.). *Gimnasia cerebral.* Oaxaca: Instituto Nikola Tesla. https://es.calameo.com/books/0044798144e229598849d.

Giménez Fuentes-Guerra, F. J., Díaz Trillo, M. (Eds.) (2016). *Diccionario de Educación Física en Primaria.* Universidad de Huelva Publicaciones. https://books.google.co.ve/books?id=B7k_DQAAQBAJ&printsec=frontcover&dq=Diccionario+de+Educación+Física+en+Primaria.&hl=es&sa=X&redir_esc=y#v=onepage&q=Diccionario%20de%20Educación%20Física%20en%20Primaria.&f=false.

Gómez, D. (2016). *Taller de Gimnasia Cerebral.* [Taller en línea]. https://docplayer.es/46953274-Que-es-la-gimnsia-cerebral.html.

Gonzales, C. (2012). *Mente sana en cuerpo sano: la gimnasia cerebral.* [Artículo en línea]. https://www.lineayforma.com/gimnasio/mente-sana-en-cuerpo-sano-la-gimnasia-cerebral.html.

Guerrero, M. (2015). La educación en el Perú. *Cuadernos de Educación y*

Desarrollo. 2(10). https://www.eumed.net/rev/ced/12/msgc.htm.

Hernández Sampieri, R., Fernández Collado, C., y Baptista Lucio, P. (2006). *Metodología de la Investigación.* McGraw Hill.

Ibarra, L. M. (2007). *Aprende mejor con Gimnasia Cerebral.* México. Garnik Ediciones.

Jiménez, C. (2012). Problemas de la educación peruana. *Revista del partido comunista peruano.*

Jiménez González, A. y Robles Zepeda, F. J. (2016). Las estrategias didácticas y su papel en el desarrollo del proceso de enseñanza aprendizaje. *Revista EDUCATECONCIENCIA.* 9(10), 108-109. http://192.100.162.123:8080/bitstream/123456789/1439/1/Las%20estrategias%20didacticas%20y%20su%20papel%20en%20el%20desarrollo%20del%20proceso%20de%20enseñanza%20aprendizaje.pdf.

Jiménez Rosique, J. R. (s. f.). *La Gimnasia Cerebral.* https://sites.google.com/site/portafoliorosiqueportafolio/gimnasia-cerebral/.

Loja Sánchez, R. (2012). *La gimnasia cerebral y desarrollo del pensamiento en el primer año de Educación General Básica.* [Trabajo de Grado, Universidad de Cuenca]. https://dspace.ucuenca.edu.ec/bitstream/123456789/2183/1/tps687.pdfhttps://dspace.ucuenca.edu.ec/bitstream/123456789/2814/1/tm4570.pdf.

M. C. Moisés. (2002). *Metamorfosis en el aula: de profesor a facilitador; de alumno a aprendiz.* Universidad Autónoma del Estado de México.

Meinel, K. (1977). *Didáctica del movimiento: ensayo de una teoría del movimiento en el deporte desde el punto de vista pedagógico.* La Habana, Instituto Cubano del Libro.

Meninges Craneales. [Artículo en línea]. http://mediguia.blogspot.com/2007/12/meninges-craneales.html.

Ministerio de Educación de El Salvador. (1997). *Lineamientos Para La Evaluación del Aprendizaje en Educación Media.* San Salvador, Primera Edición, Editorial Algier.

Ministerio de Educación de Perú. (2014). *Orientaciones para el trabajo pedagógico.* [Manual en línea]. http://www.minedu.gob.pe/minedu/archivos/a/002/03-bibliografia-para-ebr/9-otpept2010.pdf.

Montes, I. (Junio 2008). Clase Maestra *"Currículum de la educación superior".* Universidad César Vallejo. Piura.

Moreno, Y. (2012). *Estrategias didácticas.* [Presentación en línea]. https://de.slideshare.net/Yibmoreno/estrategias-didcticas-12941706/5.

Nadal, M. (s. f.). *Diferencias entre estrategias y técnicas.* [Artículo en línea].

https://es.scribd.com/doc/66610288/1-Diferencias-Entre-Estrategias-y-Tecnicas.

Orellana, D. (2010). *Estudio de la gimnasia cerebral en niños de preescolar.* [Trabajo de Grado, Universidad de Cuenca]. https://dspace.ucuenca.edu.ec/bitstream/123456789/2183/1/tps687.pdf.

Paredes Morales, W. y Bejarano Auqui, J. (2012). *Técnicas de estudio e investigación.* Centro de Producción de Materiales Académicos. https://es.calameo.com/books/0012144311047c4935010.

Portillo Acosta, N. K. (2008). *Efecto de la Gimnasia Cerebral en la Comprensión Lectora de niños de 5º Grado.* [Tesis de magíster, Universidad Rafael Urdaneta]. https://www.academia.edu/11274655/Gymnasia_cerebral_y_lectura.

Ramírez De la Torre, A. M. (2019). *Influencia del uso de teléfonos móviles en el rendimiento académico de los estudiantes del segundo semestre de la Facultad de Ciencias Empresariales y Educación de la Universidad Alas Peruanas, filial Arequipa – 2017.* [Trabajo de Grado, Universidad Católica de Santa María]. https://1library.co/document/zlgm44ry-influencia-telefonos-rendimiento-academico-estudiantes-empresariales-educacion-universidad.html.

Rendón López, A. (2011). Codificar y decodificar... this is the key. *Revista Amicus Curiae,* IV (2), 14. http://www.revistas.unam.mx/index.php/amicus/article/download/23876/23609.

Reyes, S. (2004). El bajo rendimiento académico de los estudiantes universitarios. Una aproximación a sus causas. *Revista Theorethikos.* VI(18).

Rodríguez Rodríguez, L. P. (2003). *Compendio histórico de la actividad física y el deporte.* Masson.

Rojas Velásquez, F. (2011). *Enfoques sobre el aprendizaje humano.* [Artículo en línea]. https://www.academia.edu/22498649/ENFOQUES_SOBRE_EL_APRENDIZAJE_HUMANO.

Valer, L. (2013). *Innovaciones Pedagógicas: Pedagogías Contemporáneas, Teoría y Debate.* Universidad Nacional Mayor de San Marcos.

Vázquez, B. (Coord.) (2011). *Bases educativas de la actividad física y el deporte.* Síntesis.

Velásquez Burgos, B. M., Calle M., M. G. y Remolina de Cleves, N. (2006). Teorías neurocientíficas del aprendizaje y su implicación en la construcción de conocimiento de los estudiantes universitarios. *Tabula rasa.* 5, 231-235, 237. https://xdoc.mx/documents/teorias-neurocientificas-del-aprendizaje-y-su-5f63d24d562e0

Vexler Talledo, I. (2016). *Informe sobre la educación peruana: situación y perspectiva*. [Informe en línea]. http://alfpa.upeu.edu.pe/politicas-educativas/ART%202004%20Informe%20sobre%20la%20educacion%20peruana.pdf.

Vexler I., Morales, R., Miranda, A., Trelles, H. y Haya de la Torre, R. (1997). *La educación secundaria de adolescentes en el Perú. Realidad y propuesta de desarrollo pedagógico*. Foro Educativo.

Villacorta, C. (2009). *Problemas de la Educación en el Perú de ayer y hoy*. [Artículo en línea]. http://caobac.blogspot.com/2009/03/problemas-de-la-educacion-en-el-peru-de.html.

Vergara, M. (2005). *Método Gimpaus "Gimnasia de pausa en el aula"*. [Tesis de doctorado, Universidad de Chile].

Vos Savant, M. (2009). *Gimnasia cerebral en acción*. Editorial Edaf.

Zamudio Franco, M. M., Ríos de Garduño, M. del R., Méndez Reyes, J. (2012). Calistenia docente: la gimnasia cerebral una estrategia de mejora del aprendizaje. *Revista Iberoamericana para la Investigación y el Desarrollo Educativo*. 9. https://docplayer.es/18105661-Calistenia-docente-la-gimnasia-cerebral-una-estrategia-de-mejora-del-aprendizaje.html.

Anexo 1

ENCUESTA AL GRUPO EXPERIMENTAL

ACEPTACIÓN DEL PROGRAMA DE ESTRATEGIAS DIDÁCTICAS DE EDUCACIÓN FÍSICA INTEGRADO CON GIMNASIA CEREBRAL

Muchas gracias por responder estas preguntas relativas a tu experiencia con el desarrollo de las clases de Educación Física integradas con Gimnasia Cerebral.

Debes tener en cuenta que esta encuesta es completamente anónima.

Instrucciones

Responde con veracidad y responsabilidad cada pregunta marcando con un aspa una de las opciones que se presentan.

1. ¿Consideras que las rutinas de Educación Física que integran gimnasia cerebral son importante en tu formación?

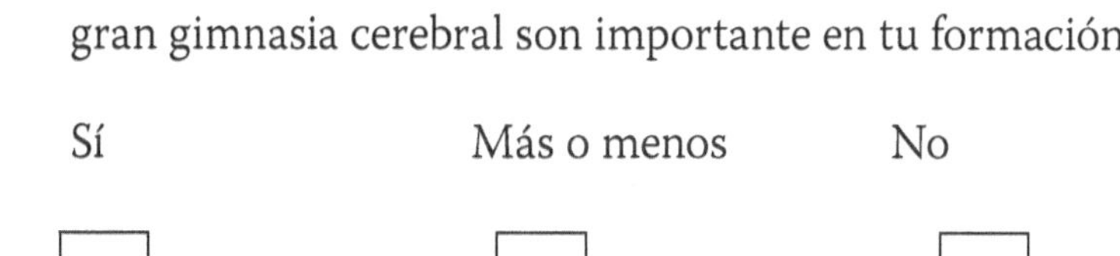

2. ¿Las rutinas de Educación Física con integración de gimnasia cerebral fueron fáciles de aprender?

Sí	Medianamente	No
1	2	3

3. ¿Dirías que después de las rutinas te sentiste estimulado a razonar?

Sí	Más o menos	No
1	2	3

4. ¿Las estrategias didácticas que empleó el profesor se comprendieron fácilmente?

Sí	Un poco	No
1	2	3

5. ¿Consideras que las diferentes rutinas te permitieron desarrollar diferentes aspectos de tu hemisferio cerebral?

Sí	Más o menos	No
1	2	3

6. ¿El docente asistió a los alumnos con dificultades en el aprendizaje de las rutinas?

Sí	Más o menos	No
1	2	3

7. ¿Te pareció adecuado el ritmo de clases?

Sí   Más o menos   No

| 1 | | 2 | | 3 |

8. ¿La presentación de los contenidos del tema te permitía relacionar los distintos aspectos de la gimnasia cerebral?

Sí   Más o menos   No

| 1 | | 2 | | 3 |

9. ¿El tiempo dedicado al desarrollo de las rutinas te pareció adecuado?

Sí   Más o menos   No

| 1 | | 2 | | 3 |

10. ¿Recomendarías la integración de gimnasia cerebral en el desarrollo de las actividades de Educación Física en la Universidad Nacional de San Martín?

Sí   Más o menos   No

| 1 | | 2 | | 3 |

Una vez más, gracias por tu participación.

Abril del 2018.

Anexo 2

ENTREVISTA A EXPERTOS EN EDUCACIÓN

OBJETIVO

Validar la encuesta que mide la aceptación del programa de estrategias didácticas de Educación Física integrado con gimnasia cerebral por parte de los estudiantes del grupo experimental.

Datos generales

Experiencia docente: _______________________

Grado académico: _______________________

Cargos de gestión que ocupo: _________________________________

Experiencia como investigador: _________________________________

Durante la entrevista a los expertos se les entregó una copia de la encuesta, de la operacionalización de la variable que se deseaba medir. También se les solicitó llenar la siguiente matriz con sus opiniones y transcriba sus observaciones.

	Evaluación de la estrategia curricular	EX	BU	RE	DE
1	Presentación del instrumento.				
2	Calidad de redacción de los ítems.				
3	Pertinencia de las variables con las categorías establecidas.				
4	Relevancia de las categorías.				
5	Factibilidad de aplicación.				
6	Claridad de la encuesta.				
7	El instrumento mide la aceptación de la estrategia didáctica.				
8	La categorización está bien construida.				
9	La encuesta es pertinente.				
10	La variable se corresponde con su operacionalización.				

Escala valorativa

EX: Excelente

BU: Bueno

RE: Regular

DE: Deficiente

Fecha: _______________________

Firma: _______________________

Lecturas recomendadas

*Formación docente: desde la reivindicación
por la transformación y justicia educativa*
(Varios autores)

*Comunicación y expresión oral y escrita:
el poder del diálogo*
(Wendy Santos)

Apuntes educativos
(Varios autores)

*Lectura comprensiva: una mirada
multidimensional*
(Varios autores)

*La inferencia y la comprensión lectora
en la Educación Básica Regular* (Vol. 1)
(Patricia Chávez Espinoza)